Georgy Konstantinovich Zhukov

# 朱可夫画传

时影/编著

作家出版社

# Georgy

# Zhukov

图书在版编目（CIP）数据

朱可夫画传 / 时影编著．— 北京：作家出版社，2015.9
（名人画传丛书）
ISBN 978-7-5063-8368-4

Ⅰ．①朱… Ⅱ．①时… Ⅲ．①朱可夫（1896 ～ 1974）—传记—画册
Ⅳ．① K835.125.2-64

中国版本图书馆 CIP 数据核字（2015）第 240964 号

朱可夫画传

作　　者：时　影
责任编辑：张　平
装帧设计：陈　燕
出版发行：作家出版社
社　　址：北京农展馆南里 10 号　　邮　　编：100125
电话传真：86-10-65930756（出版发行部）
86-10-65004079（总编室）
86-10-65015116（邮购部）
E-mail:zuojia@zuojia.net.cn
http://www.haozuojia.com（作家在线）
印　　刷：北京市玖仁伟业印刷有限公司
成品尺寸：170×240
字　　数：35 千
印　　张：14
版　　次：2016 年 1 月第 1 版
印　　次：2016 年 1 月第 1 次印刷
ISBN 978-7-5063-8368-4
定　　价：30.00 元

# 目 录



Georgy Zhukov

# 引子：他使世界免于奴役

每年的6月22日，俄罗斯、乌克兰、白俄罗斯等国家都会举行纪念卫国战争胜利的活动。1941年6月22日，希特勒撕毁《苏德互不侵犯条约》，直接入侵了苏联。英勇的苏联人民奋起反抗，最终打败德国法西斯。在那场战争中，苏联共伤亡了两千七百万人。

如果苏联失利，世界历史就会改写，世界将会被疯子掌控，那将会是全人类的一场浩劫。挽救苏联的人，全世界都会记住他。

如果你问一位俄罗斯朋友，谁是苏联卫国战争中最出色的军事家？他一定会告诉你，是受人尊敬的朱可夫元帅。

他总是出现在战争时期最危险最紧急的地方，从而挽救那里的局势，然后奔赴新的战场。他耿直忠厚的性格也让他成为士兵和群众最爱戴的人，甚至超过了最高领袖斯大林。

他是苏联真正的平民英雄。

# 第一章 从皮匠到骑兵

格奥尔基·康斯坦丁诺维奇·朱可夫，1896 年 12 月 2 日出生在莫斯科西南卡卢加省的斯特列尔科夫卡村。父亲康斯坦丁·安德烈耶维奇是个穷鞋匠，母亲乌斯季尼娅·阿尔捷米耶芙娜给地主干活。

这是一个很普通的俄罗斯农民家庭。朱可夫有一个大他两岁的姐姐，四口人过着紧巴巴的日子。后来，妈妈又生了一个小弟弟。为了养活三个孩子，妈妈把小弟弟交给爸爸、姐姐和朱可夫照顾，自己进城去干活，希望可以多赚一些钱。

那时候姐弟俩分别是七岁和五岁，也学会了帮爸爸分忧。不过，没有母亲照顾的弟弟还是越来越瘦弱，终于死于营养不良。

祸不单行的是老房子又坏了，一家人只好住在草棚里。爸爸四处求人，终于分期付款买到了一座很小的房架，约了几个邻居帮忙，才算把新房子盖好。

以后的两年时间里，全家一直在勒紧裤腰带还债，收入只能买点面和盐。好心的邻居们经常接济他们一些粥和菜汤，这才挺了过来。

在这种家庭里长大的朱可夫深知生活的艰难，他经常帮家里割草喂那匹老马，闲时还下水去摸鱼，送给那些帮助自己家的邻居。

生活好转一些之后，七岁的朱可夫进入了本村的教会小学。他学习刻苦，成绩优秀。三年小学读完后，按照农村的惯例，父亲该给孩子找师傅学手艺了。

爸爸是鞋匠，自然想到该让儿子去学皮匠手艺。1908 年，朱可夫被送到了亲舅舅的作坊里做学徒。不过他被爸爸告诫说，不要叫舅舅，而要称呼人家“先生”，因为“老板不喜欢穷人做他的亲戚”。

朱可夫为了学成手艺，不知被老板、工头打了多少次。到十六岁的时候，他已经成了一个熟练的帮工，空闲时间也多了起来。于是，他参加了市立的夜校学习，每天白天干活，晚上上课，就这样坚持了两年多。等在夜校毕业的时候，他通过了中学水平的考试，为此他深深感谢夜校的老师。

也正是在那个时候他认识了玛利亚，一个莫斯科姑娘。他们感情很好，甚至打算结婚。可惜战争把平静的生活打破了，沙皇下了征召青年参军的命令，年满十九岁的朱可夫被迫入伍，奔赴沙场。

朱可夫的部队是龙骑兵，这是一种精通骑术却又能够徒步作战的兵种，既可以当作骑兵使用，又能在平地上徒步作战。朱可夫因能够成为骑兵而十分自豪，同村的伙伴也很羡慕他。

他匆匆向老板告辞，回家帮父母又收了一次麦子，就赶去部队报到。看着儿子的背影在村口消失，年过七旬的父亲泪流满面，母亲也一下子苍老了许多。

村里人安慰他的父亲说，别担心，这个孩子聪明又强壮，一定不会有事的，说不定他能成为军士呢！

那时候是 1915 年 7 月，皮匠朱可夫就这样参加了第一次世界大战。

⊙朱可夫的母亲乌斯季尼娅·阿尔捷米耶芙娜。

⊙在莫斯科做皮匠帮工时期的朱可夫。

⊙时事漫画：1905年的俄国背负着失望情绪和战争的重压，向着恐怖的荒原蹒跚而行。二十世纪初的俄国，国内经济急剧下降，人民的生活每况愈下，特别是广大农民，在富农的压榨下，处于饥寒交迫之中。为了寻找一线生机，农民经常把自己的孩子送进城里学点手艺，朱可夫的父母也有同样的考虑。1908年，朱可夫被送到了亲舅舅的作坊里做学徒。

⊙ 1913年，朱可夫在莫斯科的皮匠伙计中间。

⊙ 1914 年，第一次世界大战爆发后，俄国卷入战争。这是俄军在进行动员。俄军和平时期一百万人，总动员后增至四百万人。

⊙沙皇尼古拉二世，1915 年沙皇下了征召青年参军的命令，年满十九岁的朱可夫被迫入伍，奔赴沙场。

⊙ 1915 年，沙皇尼古拉二世与俄军总司令尼古拉大公正在核查一份有关战争进程的报告。

⊙一个孤独的俄军士兵正在为他死去的同伴祈祷。

⊙布鲁西诺夫将军，俄西南方面军司令。1916 年 6 月 4 日，其大胆向奥匈帝国进攻的策略，使俄军在北方和南方获得巨大胜利，俘虏二十万人，并重新出现在喀尔巴阡山上的隘口前。

# 第二章
# 从战争英雄到革命卫士

转眼间到了 1916 年春天，第五后备骑兵团士兵朱可夫已成为训练有素的骑兵。上级通知他们，即将编成增补骑兵连，并且在开赴前线前继续进行野战训练。

上级还挑选了三十名训练成绩最好的士兵，准备培养成军士。被录用的人中就有朱可夫，他和同伴们一起被送进教导队继续学习。

前线的俄罗斯军队在装备上比德国人差，所以骑兵伤亡很大。八月初，团里命令朱可夫所在的教导队的优秀学员提前毕业，马上赶赴增补骑兵连。这一个十五人组直接开赴前线——到第十骑兵师去。朱可夫在这份十五人名单中列第二名。

第十骑兵师是一支精锐的骑兵部队。九月初，该师在贝斯特里茨山林地区集合参加了战斗。但由于山林地区不允许进行骑兵冲锋，所以，骑兵们经常被迫下马徒步执行任务。这对于龙骑兵来说，这正是他们的长处。朱可夫在战斗中表现出色，他俘虏了一个德国军官，得到了第一枚勋章。

1916 年 10 月，朱可夫在执行任务时踩中了地雷，瞬间被爆炸的气浪从马上掀下来。在医院中醒过来时，他已经昏迷了一天一夜。这次爆炸让他听力受损，还容易头晕。医务委员会认为他不适合上前线，就派他到拉格尔村的增补骑兵连去训练新兵。

这个时候，朱可夫真的被提升做了军士，肩章上多了几条军士衔，他具备实战经验，胸前还挂了两枚乔治十字勋章。

他满怀热情地鼓励新兵们战胜恐惧，却发现他们和自己当时的想法完全不同。他们根本不想再上前线打仗，他们希望回家过好日子，希望拥有土地和面包。他们并不是害怕战斗，而是厌恶不人道的战争。

朱可夫观察了士兵们的情绪，敏锐地感觉到好像有什么事情要发生了。

1917 年 2 月 27 日一早，驻扎在拉格尔村的骑兵连突然紧急集合。然后，连队沿大路向驻扎着第五后备骑兵团司令部的巴拉克列亚城前进，谁也不知道出了什么事。

一群举着红旗示威的人出现在队伍前面，连长猛地向马抽了一鞭，策马向团部奔去，其他连长也都跟在他的后面。这时，突然从团部里走出的一群军人和工人宣布，这支部队决定不为沙皇卖命了。

一位高个子的军人大声对士兵们讲话说，他们不给沙皇卖命了，他们要的是和平、土地和自由。这位军人用口号结束了自己简短的演说：“打倒沙皇！打倒战争！各国人民和平万岁！工人、士兵代表苏维埃万岁！乌拉！”

这就是“二月革命”。

朱可夫，这个穷苦农民的孩子被革命热情所感染，他决定站在苏维埃一边，为穷苦人民的利益而战斗。于是，他加入了赤卫队。

但是，伤寒袭击了他，他不得不回家休养几个月。等到他重新归队参加红军的时候，已经是1918年初了。这个时候，红军已经有五十万人的规模了。

当时，俄罗斯全境很不太平，白军在虎视眈眈地觊觎着政权。农村到处有匪徒结帮作乱，城市里没有粮食，红军去征集粮食又引起农民的反感。

到了1919年，国内战争已经到了最激烈的时候，几个帝国主义国家支持的白军十分强大，但是红军也逐渐壮大、成熟起来。当时，红军已经拥有四十二个师，数百万勇敢的年轻人为了保卫苏维埃而奔赴前线。

1919年3月1日，朱可夫被吸收为俄共党员。后来他回忆时认为，那是他最难忘的一天。他在回忆录中写道：“如今，许多事已被忘怀，但吸收我入党的日子却终生铭记在我心间。从那时起，自己的一切思想、追求和行动都力求服从一名党员的义务。而且，当事件涉及与祖国的敌人战斗时，我作为一名共产党员，始终牢记我们党要我们成为忘我为人民服务的榜样的要求。”

⊙第一次世界大战中，在前线作战的俄军。

⊙ 1917 年，厌战的俄军试图与敌人讲和。1917 年 2 月，俄国爆发二月革命，厌战的士兵高喊口号，要求俄国撤出战争。朱可夫被革命热情所感染，决定站在苏维埃一边，为穷苦人的利益而战斗，他加入了赤卫队。

⊙ 1917 年，俄国爆发了一系列的国内革命。俄国局势动荡不安，革命暴动风起云涌，军队也被卷入到俄国街头的战斗中来。

⊙ 1917 年，俄国临时政府执政期间的彼得格勒街头一景。在二月革命后成立的资产阶级临时政府，在十一月被布尔什维克赶下台。

⊙十月革命期间，布尔什维克的女战士。

⊙在 1917 年 11 月的街头战斗中，一辆电车被工人赤卫队用来作为堡垒。

⊙奥地利外交大臣康・热宁（左）和他的德国搭档冯・卡尔曼，1917 年 12 月 20 日到达布列斯特・里托夫斯克参加与俄国的和平谈判。在背后的德军支持下，他们清楚地表明了条件。

⊙德军正在检查一辆从布尔什维克手中缴获的俄国装甲车。到了 1918 年初，双方已开始和谈。苏联政府退出了一战，却又要面对国内战争。

⊙ 1918 年，列宁在莫斯科演讲。到了 1918 年春季，红军就扩大到二十万人。1919 年 3 月 1 日，朱可夫被吸收为俄共（布）党员，开始了保卫祖国、保卫苏维埃政权的战斗。

# 第三章　内战英雄

1919年5月，朱可夫的部队获得了开赴前线的机会。当时，东线的局势一直很紧张，红军在这里受到了很大的压力，朱可夫所在的莫斯科第一骑兵师奉命开赴东线。

在前线，朱可夫第一次见到了方面军司令员、著名的苏联军事家伏龙芝（后来，苏联以他的名字命名、组建了军事学院）。伏龙芝与战士们谈了武装、士气和供养，并听取了士兵的愿望。

“他的朴素和魅力，以及令人喜爱的外表赢得了士兵们的心。”朱可夫回忆道，伏龙芝让他觉得这是自己努力的方向。

那年秋天，朱可夫又一次受伤，手榴弹在他身边爆炸了，弹片深嵌到左脚和左肋里。他出院时特别虚弱，于是又获得一个月的休养假。

假期结束之后他要求回到前线去，却又被医生建议去后方。于是，他被送到一个后备部队去训练骑兵指挥员。

直到1920年1月，表现出色的他被送到骑兵训练班去，并被提升成为准尉军官。

1920年7月，部队又一次开拔并途经莫斯科。朱可夫很想去探望女友玛利亚，但是时间紧迫，只能写封信就匆匆离开。为此玛利亚跟他吵了架，而且没有原谅他。不久，她嫁给了别人，这让朱可夫十分伤心。

这次的敌人是一大伙匪徒，这些人都是有多年战斗经验、精通骑射的老兵。连长对付不了他们，心情非常糟糕，正好看见一群刚从训练班毕业的“学员”，他冷淡地命令他们去接管各自的排，这使得大家对他没有好印象。

朱可夫只带了几天兵，全排的精神面貌就发生了改变，战斗的时候战士们更勇猛了，连长也对他刮目相看。这帮匪徒被消灭之后，他就被提升做了连长。

1921年4月，朱可夫被派去剿灭臭名昭著的安东诺夫匪徒，那是整个国内战争期间最艰苦的一次战斗。二百五十名匪徒骑兵和朱可夫带领的连队遭遇，匪徒的人数占有绝对优势。

朱可夫发现，敌人虽然人多，但火力不如自己，他当即命令全连展开战斗。连队的四挺重机枪和一门七十六毫米火炮一起开火，敌人的第一波攻击立刻被遏制，十几个匪徒当场死在机枪火力之下。

朱可夫带领战士们在机枪的掩护下对敌人队伍进行了冲锋。他们挥舞着马刀，用马胸脯撞击敌人，匪徒们抵挡不住，于是开始后退。

匪徒头领愤怒地呵斥败退的部下，甚至枪毙了逃兵，几个比较冷静的匪徒开始对红军骑兵开枪。

“挑军官打！”首领大声命令着。一个匪徒受到头领的鼓舞，开枪打中了朱可夫的马。马跑得太快，当时就摔倒了，朱可夫被压在马身下面。几个匪徒兴奋地叫喊，挥舞着马刀向他冲了过来。

朱可夫挣扎着站起来，这时候，一个人骑马冲到他的身前，原来是连队指导员诺切夫卡。他把手伸给朱可夫，拉他上马。战士们也掩护着连长和指导员，匪徒们再次被打后退了。

敌人的数量终究是太多了，他们步步紧逼。朱可夫不断地指挥机枪手和火炮调整位置，以免被敌人骑兵冲击。红军战士们逐渐撤退到村子里，那里满是狭窄的小巷，敌人的骑兵无法发挥作用，而机枪则是最好的武器。

朱可夫带着几个战士掩护大家撤退，就在多数人进村之后，他们听到敌人欢呼起来。原来，一架机枪由于行动缓慢被敌人缴获了。几个机枪手都牺牲在敌人的马刀之下，敌人正试图去拿枪械对付红军。

“机枪不能丢！”朱可夫大喝一声，立即上马，冲向机枪。在几个敌人把机枪对准他之前，他的刀已经把他们砍倒在地。

朱可夫下马正准备拖走机枪，别的匪徒却冲了上来，挥舞马刀和刺刀向他刺去。他躲开刺刀，抽出手枪，两枪打倒两个敌人。但是土匪们围住了他，他们想活捉这个军官。

“连长危险了！”指导员诺切夫卡带着战士布雷克辛、戈尔什科夫和科瓦廖夫冲过来进行救援。他们砍倒敌人，把连长和机枪一起救出重围。那一天，十多名战士牺牲了，活下来的很多战士和军官都获得了英雄勋章，朱可夫也是其中之一。

1922年，国内的匪帮逐渐被红军肃清，朱可夫由于战功出众被提升做了副团长。

1923年5月，师长把朱可夫叫去，简单交谈几句之后，把第三十九骑兵团交给了他，并让他担任团长。

指挥团，才是真正锻炼指挥能力的地方。朱可夫明白这一点，他一上任就带领部队出去拉练，还努力补充自己的战术理论知识。由于是士兵出身，他的实际经验远比理论要丰富得多。

他担任了七年骑兵团长，然后又进入骑兵师监察部工作。无论在哪个岗位上，他每天都努力学习战术和加强部队的训练。

当时，已经很出名的军事家图哈切夫斯基非常赏识他，他告诉朱可夫：“不要放松，十多年后我们同德国的战争是不可避免的。那时候，国家需要你们这样的优秀指挥员。”

⊙布尔什维克党号召广大工农群众保卫苏维埃政权。这是第一批红军队伍开赴前线，旗上写着“誓死保卫苏维埃政权”。1919 年，国内战争已经到了最激烈的时候，几个帝国主义国家支持的白军十分强大，但是红军也逐渐壮大成熟起来。红军已经拥有四十二个师，数百万勇敢的年轻人为了保卫苏维埃而奔赴前线。

⊙ 1920 年，苏联第一骑兵军在一次集合中。1920 年 1 月，表现出色的朱可夫被送到骑兵训练班去，提升做了准尉军官。朱可夫只带了几天兵，全排的精神面貌就发生了改变，不久就被提升做了连长。

⊙苏俄红军的骑兵部队，左一为朱可夫。

⊙ 1923 年，担任萨马骑兵第七师布祖卢克第三十九骑兵兵团团长时的朱可夫。

⊙ 1924 年，朱可夫在萨马骑兵第七师第三十九骑兵团战士中间。

⊙ 1924-1925 年，列宁格勒骑兵指挥员深造班的学员合影。第二排最右边为朱可夫。

# 第四章　痛打日本鬼子

和平时期的日子似乎有点平淡。

1939年，朱可夫已经从团长、师长、军长做到了白俄罗斯的军区副司令，他成为一名将军。在一次常规的演习之后，国防人民委员伏罗希洛夫忽然打电话给他，要他赶紧到莫斯科去。

接待室里的伏罗希洛夫紧锁双眉，日本正在外蒙古和伪满洲国边境挑衅，而苏联和外蒙古是有条约的。

“苏联有保护蒙古的义务。”人民委员告诉朱可夫将军，“日本人不会善罢甘休的，可能会有大规模的冲突。你赶紧飞到那里，如果必要的话立刻接管部队。”

日本确实在试探苏联的态度和实力。他们做好了准备，如果发现红军还和1905年日俄战争时候的沙俄军队一样弱的话，他们就会立刻进攻蒙古和苏联。

但是，他们的对手是朱可夫将军。

朱可夫一到前线的五十七特别军司令部，就发现军长是个糊涂虫，对局势基本上一问三不知，高级军官当中，没有一个人到过事发地点。他立刻建议总部解除了军长职务，自己接管工作。

他很快弄清楚了局势有多么严重，向总部要到了包括二十一名苏联英雄的优秀航空兵部队（他们驾驶着最新的伊－16和“海鸥”型飞机）、三个步兵师和一个坦克旅。

日本人想在秋天结束前把蒙古拿下，7月3日黎明，按捺不住的日本军队动手了。

蒙古军队的苏联顾问阿丰宁上校，正好在视察巴英查岗山上蒙古第六师的阵地，他发现了正在渡过哈拉哈河的日本部队，赶紧报告朱可夫。朱可夫立刻把空军和炮兵投入战斗，同时命令坦克部队尽快赶过去。

早上七点左右，日军就吃了苏联飞机送来的炸弹和炮兵的炮弹，到了九点，地平线上出现了苏军坦克的影子。

又是一次敌众我寡的战斗！敌人在巴英查岗山集结了一万多人，苏军只有一千多人；日军有一百多门火炮和近六十门反坦克火炮；苏军只有五十多门火炮，有的还是来自哈拉哈河东岸的支援火炮，只能远远地压制敌人。

不过，苏蒙联军有装备了一百五十辆坦克的第十一坦克旅，有装备了一百五十四辆装甲车的摩托化第七旅以及装备了四十五毫米加农炮的蒙军第八装甲营，和日本军队相比，这支军队战术更新，装备更精良。

朱可夫想到了当年在村前的那场恶战，他决定主动进攻，在势头上超过敌人。他决定立刻用坦克粉碎刚刚渡过河的日军，不让他们构筑工事和组织反坦克防御。

日寇的火炮立刻开始攻击苏联坦克，可是苏联坦克行进迅速，火力也强大，空中的苏联英雄们又扔下炸弹来。河边全是开阔地带，连草都很少，苏军火力全部集中在日军身上。

7月5日清晨，巴英查岗山上和哈拉哈河西岸已是一片寂静。战斗以日军主力集团被粉碎而结束。

打退日军之后的朱可夫开始策划一次反攻，他要让日本人吃更多苦头，于是在国内调集了更多的军队和物资作为支援。

8月20日，总攻开始了，在苏蒙联军炮火的冲锋下，日本军队士气低落。当时日本号称有世界上最好的步兵，他们还在负隅顽抗。

当时，许多日本士兵被告知，绝不能被俘虏，否则会被俄国人活活折磨死，危急时刻，应该高喊“天皇万岁”，然后自杀。

总攻开始后不久，一个满脸红肿的日本士兵被带到司令部。这是红军第一次抓到没死的日本兵。大家对活着的日本兵很好奇，朱可夫决定亲自审问。

他给了俘虏伏特加和面包，还好奇地问他，怎么没按你们上级的命令自杀？没想到，日本人请求他先喝一口，以免被毒死。他说，自己是家里的独生子，父亲还有一个小店等待他去继承，所以绝对不能死。

朱可夫被这俘虏逗乐了，也陷入一种悲哀当中：军国主义者把无辜的老百姓武装起来，使他们变成野兽，然后去蹂躏别的国家。

“同志们，我们要保卫自己的祖国！”朱可夫对大家感慨道。

8月30日，侵略者被赶出了国境线。日本人付出了惨重的代价，被迫和苏联签订和约。

朱可夫则被授予“苏联英雄”称号和大将军衔，并被调到基辅军区做了司令员。最难得的是，他收获了指挥坦克兵团进行战斗的经验。

⊙ 1939年，白俄罗斯战区司令员卡瓦列夫上将和副司令朱可夫中将，在白俄罗斯战区检阅部队。不久后，朱可夫飞往蒙古组织苏蒙联军抵抗日本入侵蒙古。

⊙1939年，格利高里·斯坦恩、霍尔洛·乔巴山和朱可夫在蒙古一带研究对日作战计划。

⊙ 1939 年 7 月，日军入侵蒙古，并计划在秋季把蒙古拿下来。但面对朱可夫，他们的目标显然无法达成。图为朱可夫上将在蒙古担任第一集团军司令员时的留影。

⊙ 1939 年在蒙古作战期间的朱可夫。

⊙ 1939 年，蒙古战场上，苏联士兵正在与日军作战。

⊙ 1939 年，朱可夫在哈勒欣河地区布置作战任务。

⊙ 1939 年 8 月 20 日，苏蒙军队发起合围并歼灭日军的总攻战役，把日本赶出了蒙古。图为朱可夫和政治委员尼基舍夫在庆祝战胜日军。

⊙哈勒欣河战役胜利后的朱可夫（中立者）。战争结束之后，朱可夫被授予“苏联英雄”称号和大将军衔，并被斯大林调到基辅军区做司令员。

# 第五章　大战来临之前

朱可夫大将被调到基辅军区是斯大林的意思。

在二十世纪二十年代，斯大林为了排除异己，在红军当中进行了大清洗。许多和他意见不合或者不愿意服从他的高级指挥员，都被杀害或者流放了。

他现在需要的是，年纪不大却又拥有作战经验的优秀将军，因为纳粹德国对苏联一直抱有野心。尽管苏联和德国签有和约，甚至 1939 年他们还一起瓜分了波兰和芬兰，但是双方仍然互不信任。一旦开战，基辅军区就是前线，前线需要最有实力的将领，朱可夫经过哈拉哈河战役之后，被认为是可靠的优秀将领。

1940 年冬天，苏联与德国的战争已经不可避免。斯大林却相信 1942 年之前不会有大事发生。丘吉尔曾经提醒过斯大林，不过斯大林认为这是英国在拉苏联下水，所以没有理睬。

1941 年 1 月，总指挥部的国防人民委员铁木辛哥元帅和总参谋长梅列茨科夫指挥了一场大型的军事战略演习，模拟了德国军队入侵的情景，模拟德军有五十多个师，红军有四十多个师，结果是“德军”突破了防线。

直接指挥“德军”的，是朱可夫大将，而指挥“红军”的，则是巴甫洛夫上将。

斯大林召开了一次会议讲评演习，他没有让铁木辛哥来汇报，而是让这两位直接指挥部队的将军来讲评。他问巴甫洛夫：“你的兵力并不比对方少很多，为什么会败得那么快？”

巴甫洛夫想用一个玩笑来敷衍过去：“军事游戏嘛，什么事情都可能发生。”斯大林用那种锐利的目光盯着他，意在告诉他，这不是他想要的回答。

朱可夫直率地批评了巴甫洛夫的错误，认为他所领导的白俄罗斯地区的防御有问题。这使得巴甫洛夫很恼火，立刻开始攻击基辅军区的防御，两个人几乎吵了起来。

斯大林制止了争吵，他看出了朱可夫的才能远在巴甫洛夫之上，而梅列茨科夫报告事情缺乏条理，也不适合再担任参谋长，于是就提升朱可夫做了总参谋长。

然而，朱可夫却更喜欢待在部队而不是总部里，加上他能够感觉到斯大林也难以容忍他直率的性格，于是请求不担任这个职务。斯大林惊讶地看着这个不愿意被提升的家伙，皱着眉头说："这是政治局决定了的！"他用带有格鲁吉亚口音的俄语对"决定"二字做了特别强调。

"好吧，那我来做。不过当有一天，如果您发现我工作不称职的时候，请您把我派回部队去。"

朱可夫担任总参谋长的时候发现，许多边境的苏联军队根本不是满员部队。红军一个满员师应该有一万四千人以上，而边境上的大部分师当时只有八千到九千人。内陆的更少，只有五千到六千人。

德国陆军在苏德边界上的部队超过苏军很多，更是装备精良，甚至武装到牙齿。朱可夫建议进行动员，把边界上的部队变成满员师。可是斯大林把报告扔在了桌子上，并告诉朱可夫和铁木辛哥说："苏联需要时间，动员意味着宣战！"

斯大林甚至命令苏联防空部队不许向越界过来侦察的德国飞机警告或者开火。朱可夫见自己没办法改变这些事情，也就不再劝他了。许多年之后，他沉痛地对一位记者说："对于战争的爆发，我是有责任的，我该再多劝劝斯大林同志。"

朱可夫忙于把机械化部队建立起来，同时组织各个兵种协同作战。不过他没有想到，战争来得太快，以至于战争爆发的初期，苏联没有反攻，有的只是大规模的溃败。

⊙一幅讽刺斯大林独揽党政军大权的漫画。

⊙ 1938年，苏联肃反刚刚结束，和希特勒摊牌的时刻则尚未来临。斯大林脸上的笑容，或许真是从心底发出来的。

⊙ 1939年8月23日，苏德签订互不侵犯条约。图为德国外长里宾特洛甫、斯大林和苏联外长莫洛托夫在一起。尽管苏联和德国有和约，甚至1939年他们还一起瓜分了波兰和芬兰，但是双方仍然互不信任。

⊙图为苏德签订《苏德互不侵犯条约》。德国外长里宾特洛甫（右三）和斯大林（右二）出席了签字仪式。

⊙ 1940 年，苏军国防人民委员铁木辛哥、总参谋长梅列茨科夫将军和基辅特别军区司令员朱可夫将军在演习中视察部队装备。

⊙苏联国防人民委员铁木辛哥元帅和总参谋长朱可夫，在查看苏联设计师设计的新式武器。

⊙ 1940 年，谢苗·康斯坦丁诺维奇·铁木辛哥和朱可夫在乌克兰基辅军区观看秋天军演。

⊙ 1940 年 6 月，苏联占领比萨拉比亚和北布科维纳后，朱可夫于 7 月 4 日在基什尼奥夫发布关于摩尔达维亚加盟共和国成立的讲话。

⊙ 1941 年 1 月，朱可夫正在办公。

# 第六章　这是战争

到1941年6月为止，德国的军队总数达八百五十万人，共有二百一十四个师。而红军，连同刚征召的补充兵员在内，共五百多万人。

尽管苏联特工不断传回消息说，德国会进攻苏联。但斯大林还是固执地认为“德国不会两线作战”，除非“希特勒是个疯子”。

没错，这个家伙就是个疯子。

斯大林认为英国及其他西方国家政府正处于严峻的军事形势下，他们为了使自己摆脱危机极力怂恿德国对苏联作战，非常希望德国进攻苏联。因此，斯大林怀疑西方国家政府提供的德国准备进攻苏联的情报都是欺骗。

6月21日晚，基辅军区参谋长普尔卡耶夫中将通过电话向朱可夫报告，有一个德军司务长向红军边防部队投诚。据他交代，德军正在进入出发地域，将于6月22日晨发动进攻。

朱可夫立刻报告斯大林，斯大林疑惑地说：“也许，有德国军官想制造战争而提供了假情报吧……”铁木辛哥则告诉他，那个司务长是捷克的一个共产党员，来专门报信的。

几个小时是无论如何也准备不出来的，军队虽然事先进入了阵地，可是很多炮兵部队却去打靶了，根本不在防线上。

6月22日零点三十分，斯大林命令边境部队准备迎战。

睡梦当中的红军部队接到命令，刚刚集合起来，敌人就开始了空袭。

斯大林听到消息后呼吸急促，赶紧召集政治局开会，并给德国大使馆打电话。德国人却已经送来了宣战书：“这是战争！”斯大林激动了，大家都沉默了。

朱可夫打破了沉默：“建议马上用各边境军区所有部队猛攻入侵的敌人，阻止他们继续推进。”

“不是阻止，而应该是消灭。”铁木辛哥更正说。

“请下达指令。”斯大林无力地坐在椅子上。

这个命令是无法执行的，因为很多地方在轰炸之后通讯中断，部队混乱，已经没办法组织抵抗了，更何况要“消灭”敌人。

铁木辛哥提出了建立最高统帅部的方案，斯大林批准了，基辅军区被改成了西南方面军。斯大林对朱可夫说，赶紧到西南方面军那边去，那里很多指挥员都缺少经验，前线需要你。

他把最不放心的地区交给了朱可夫，这样他才觉得好受一些。

四十分钟后，朱可夫大将起飞奔赴前线，他接手的是一个烂摊子。

第一天就有一千二百架作战飞机在机场上就被敌人摧毁，许多部队被打散，敌人把防线突破出许多口子，许多部队根本无法和友军保持联系。

朱可夫到了基辅，立刻命令机械化部队对突入防线的德国装甲部队进行反击。德国坦克部队虽然厉害，但是一旦冲在前面，和大部队离得远一些，就是相对脆弱的。对这些“楔子部分”集中机械化兵力进行打击，这就是朱可夫的办法。

反击遏制了敌人的冲击势头，敌人被迫从预备队里抽出许多坦克和士兵调到基辅方向，西南方面军的战线逐渐稳定了下来。

不过朱可夫也发现，很多集团军指挥员缺乏战斗经验，他们经常冲到前线亲自去指挥部队，而不知道从大局上保卫方面军和友军，结果大家缺乏协调，减弱了反击的力度。

这都是大清洗的恶果，许多集团军军长几年前还都只是团长，他们不会指挥这么大的部队。

西方面军的战线更是一片混乱，巴甫洛夫大将（他还被提升了）不能确知第三、第十和第四集团军的情况，也不能对突破的敌装甲集群做出全面判断，因此做出了与实际战况不符的决定。许多部队根本不明白该怎么做才好，直到被包围时才想往外冲，但已经来不及了。

德军部队逼近白俄罗斯首府明斯克，斯大林赶紧打电话给朱可夫：“真不知道巴甫洛夫出了什么事，库利克元帅也不知道在哪里。沙波什尼科夫得了病，你能不能马上飞到莫斯科来？”

朱可夫回到莫斯科，发现西边的局势已经更糟糕了，他只好建议：“赶紧把部队集中起来设防，预备队在后面再加一条防线。那两个师的莫斯科民兵，我想我们也需要动员起来。”

尽管斯大林发出了这些命令，部队的整个师还是被合围和俘虏，红军被迫退出了明斯克。

斯大林对巴甫洛夫十分不满，他立刻派朱可夫去西方面军“救火”，同时召回了巴甫洛夫大将，并把他送上了军事法庭，判了死刑。他命令铁木辛哥和朱可夫，一定要挽救西边的局势。

大批苏联军队在明斯克附近被包围了，德国陆军司令部本来打算让坦克部队继续开向莫斯科，并把这些苏军交给后续部队，但是希特勒却指手画脚，要求先消灭这些部队。结果，被围困的红军打得很勇敢，拖住了德军很长时间。

在这段时间里，朱可夫调集了大规模的坦克部队，决定和德国坦克部队决一死战。铁木辛哥元帅从预备队方面军调集了二十个师加入西方面军，可是这些部队还没到目的地就被打光了。

两军在斯摩棱斯克对垒，都投入了许多兵力，苏军仍然很被动，经常是在进行突围和反突击。苏军的二十八集团军被敌人完全“包了饺子”，司令员卡恰洛夫也在突围中牺牲了。

但是德军的战略意图也没有达到，他们损失了二十五万官兵。按说苏军打得不错，斯大林却对铁木辛哥并不满意，他觉得朱可夫能够打得更好。

一天，他把朱可夫和铁木辛哥叫到自己的别墅，当着政治局委员们的面对他们说：“政治局觉得应该把铁木辛哥解除职务，让朱可夫代替，你们觉得如何？”

铁木辛哥元帅心里难受极了，面色凝重，一句话也不说。朱可夫并没有想过，因为这次“机会”就超过了这位英勇的元帅，而是给予他公道的评价：

“他做了处在他的地位所能做到的一切，几乎在斯摩棱斯克拖住了敌人一个月。我想，任何其他人也无法比他做到更多的事情。部队相信铁木辛哥，而这是很关键的。我觉得，现在解除他的方面军司令员之职不公平，也不适宜。”

“好吧。”斯大林说，“也许我们还是同意朱可夫的意见。”

“您说得对，斯大林同志。”几个人齐声说道，“铁木辛哥还会扭转局势。”

铁木辛哥返回了前线。他很感激朱可夫，并很快展示了实力，西线也稳定了下来。

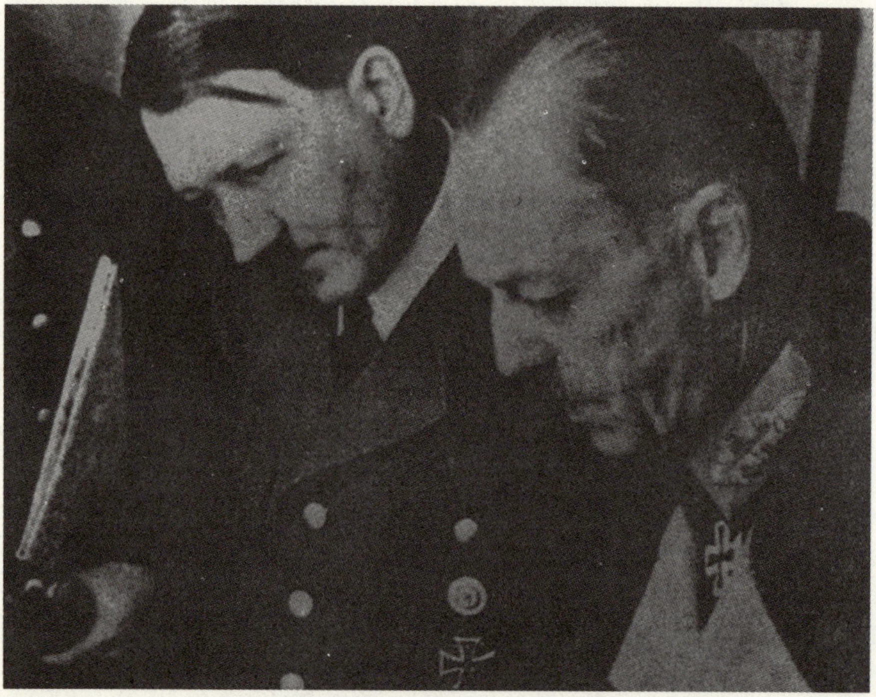

⊙希特勒与南部军团的德军统帅伦德施泰德研究入侵苏联的“巴巴罗萨计划”。到1941年6月为止，德国的军队总数达八百五十万人，共有二百一十四个师。而红军，连同刚征召的补充兵员在内，共五百多万人。尽管各处的苏联特工不断得到消息说德国会进攻苏联，斯大林还是固执地认为“德国不会两线作战”，除非“希特勒是个疯子”。事实证明，希特勒就是个疯子。

⊙德军进攻苏联的前夜，德军古德里安将军（右一）与手下将领在苏联边境。6月21日晚，基辅军区参谋长普尔卡耶夫中将通过电话向朱可夫报告，有一个德军司务长向红军边防部队投诚。据他交代，德军正在进入出发地域，将于6月22日晨发动进攻。朱可夫立即向斯大林报告了此事，但一切已经来不及了。

⊙ 1941 年 6 月，入侵苏联的德国军队。

⊙ 1941 年 6 月，苏德战争爆发。德国军队以坦克作屏护，向苏联推进。

⊙一个罗马尼亚士兵和一个德国士兵正在靠近苏联边界一带共同站岗。1941 年 6 月 22 日，他们共同跨过了苏联边界。

⊙德国向苏联开战后，以闪电速度迅速挺进的德国军队在短时间内就深入苏联腹地。这是疲惫的德军传令兵正趴在摩托车上小睡片刻。

⊙进入苏联城镇作战的德国武装党卫军士兵。

⊙ 1941 年，在一次德国空袭中的苏联受害者。

⊙战争的初期，苏联军队节节败退，图为苏联人正看着德国士兵拉着一个野战厨房进入科普耶尔。

⊙德军对敢于反抗的苏联人进行残酷镇压。这是被德军吊死的村民。

⊙1941年6月战争爆发，朱可夫与苏联几位高层将领在一起商议军事。

⊙苏德战争爆发后，铁木辛哥提出了建立最高统帅部的方案，斯大林批准了，基辅军区被改成了西南方面军，并派朱可夫负责西南方面军，他把最不放心的地区交给了朱可夫。朱可夫大将起飞奔赴前线，他将接手的是一个烂摊子。

⊙朱可夫将军。

⊙ 1941 年 6 月苏德战争爆发，图为在明斯克战斗期间，一门苏联轻型野战炮正在向德军开火。

⊙1941年7月，德军攻占西距苏波边界达一百六十公里的苏联明斯克地区，将缴获的苏军战车摆在近郊一座村庄列宁像两侧的情景。而丢了明斯克的巴甫洛夫，被斯大林下令处决。

⊙苏德战争时期，苏联斯摩棱斯克游击队正在举行阅兵式。

⊙ 1941 年 7 月 11 日到 8 月 8 日，几乎一个月的时间，第一次大规模战役在斯摩棱斯克发生。德军最终击败苏军，斯摩棱斯克大部分被摧毁或处于大火之中。

⊙苏德战争期间，准备抗击德军的斯摩棱斯克的游击队员。

# 第七章　保卫列宁格勒

最高权力机构不断改名，先是国防委员会，然后是高级统帅部，然后是最高统帅部，斯大林亲自担任了国防人民委员，现在，他一个人说了算。

西南方面军的情况随着朱可夫的离开和德军的压力增大又开始恶化了，两个集团军司令都成了俘虏。朱可夫总参谋长建议斯大林放弃基辅，把部队送去加强中央方面军，等到远东部队调过来再防卫莫斯科。

斯大林觉得放弃基辅让人无法接受。巴甫洛夫是丢了明斯克被处死的，现在要斯大林命令放弃基辅，简直是要他的命了。

“胡说八道！”斯大林生气地批评这个计划。

“你觉得我胡说八道，你还要参谋长做什么？把我送到前线去吧！”朱可夫坚持自己的意见。

半小时之后，斯大林又接见了朱可夫，并告诉他：“我们商量了一下，决定免去你的总参谋长之职，由沙波什尼科夫接任。他身体是不太好，不过没关系，我们会帮他。你就去干实际工作吧，你有战时指挥部队的丰富经验，在作战部队无疑会发挥作用。当然，你仍然是副国防人民委员和最高统帅部成员。”

“您下令派我去哪里？”

“您自己想去什么地方？”

“我可以完成任何工作。我可以去指挥一个师、一个军、一个集团军或一个方面军。”

“别急，别急！你刚才说要在叶利尼亚附近组织一次战役，那你自己就承担这一工作吧。”

几个小时之后，朱可夫被派去做预备队方面军的司令。

朱可夫组织的叶利尼亚的战役打得很不错，苏军的新部队重创德国的坦克部队，敌人被迫用步兵兵团来接替。其中，表现出色的第一百步兵师被命名为“第一近卫师”，这是朱可夫独立指挥的第一次战役。

打了胜仗的朱可夫又被调回莫斯科，斯大林这次派他去保卫列宁格勒，接替身心俱疲的伏罗希洛夫。

这个时候，德国坦克部队正在猛攻郊外的伊若拉工厂。在党组织的号召下，工厂党、团员带头参军，伊若拉人死守阵地。这些工人勇敢而且熟练地使用武器，使得德国法西斯军队在这一地区冲进列宁格勒的所有企图均以失败告终。

朱可夫发现反坦克炮太少，决定用能穿透坦克装甲的高射炮代替反坦克炮。许多防空高炮都被拆下来平射，这家伙劲头很足，德国坦克果然吃尽了苦头。列宁格勒人决心死守这座以革命领袖命名的城市。群众还被发动起来，埋设地雷，架设电网，水兵和民兵也都被编进防御部队。

9 月 17 日，列宁格勒城下的战斗已达到高度紧张的程度。这一天，敌人的六个师在北方集团军大批航空兵的支援下，企图从南面突进列宁格勒。

五十四集团军的司令库利克由于拖延战机不配合朱可夫被免职。这个时候的朱可夫没有反击力量，他所做的只有等待。

全城军民的努力使德军消耗巨大，一些地方的德军转入了防御。到了十月，侦察兵发现了新情况，赶紧报告说：“敌人准备过冬啦！”

苏联的冬天不宜战争，何况德国人根本缺少过冬物资。一直到 1943 年 1 月，德国人都没有再进行过大规模的进攻，他们想饿死列宁格勒人。

于是，朱可夫在 1943 年 1 月组织了一次打破封锁的战役。在内外夹攻之下，城市的封锁被打开了口子，德国人的如意算盘落空了。

⊙苏军炮兵正用反坦克炮攻击德军坦克。1941 年 7 月，朱可夫组织了叶利尼亚的战役，苏军的新部队重创德国的坦克部队，敌人被迫用步兵兵团来接替。这是朱可夫独立指挥的第一次战役。

⊙德北方集团军群正通过波罗的海沿岸向列宁格勒推进。1941 年 7 月 19 日，希特勒发布了下一阶段作战的指令，计划从博克元帅手中调出中央集团军群的装甲部队，然后派往两翼，其中古德里安装甲兵团掉头向南，去帮助击败在乌克兰同伦斯德对峙的红军；而霍特装甲兵团则转而向北，去协助勒布的北方集团军群攻打列宁格勒。

⊙ 1941 年 9 月，德军将领古德里安正在检查坦克的备战情况，准备向列宁格勒发动进攻。

⊙朱可夫将军是保卫列宁格勒的指挥者。他提高了列宁格勒防御部队和居民的士气及抵抗能力，他们忍受了军事历史上最可怕的围困。

⊙朱可夫将军。

⊙开赴列宁格勒前线的苏联骑兵部队。

⊙列宁格勒的市民在挖掘战壕。

⊙在列宁格勒战役中，一队苏联的爆破手正随时准备投入战斗。

⊙德军为了“从地球上抹掉列宁格勒”，除了陆上封锁，还对它进行系统的炮轰和飞机轰炸。在这样的情况下，红军在朱可夫的指挥下英勇作战，一次又一次地把红了眼的德军击退到他们的出发阵地。图为正在向德军进攻的苏联红军。

⊙从 1941 年 9 月起，德军对列宁格勒进行了二十三次大规模的轰炸。苏联红军的后勤供应基本中断，斯大林下令动员全国所有可能动员的人力和物力支援列宁格勒，图为正开赴前线的苏联军队。

⊙在列宁格勒，苏联红军的狙击手正在顽强地抵抗德军的进攻。

⊙德军坦克正在向守卫在列宁格勒的苏军发动进攻。

⊙德军正在向列宁格勒发动进攻。

⊙苏联红军士兵。

⊙列宁格勒基洛夫工厂工人志愿队正经过凯旋门，去执行保卫城市的任务。列宁格勒人决心死守这座以伟大革命领袖命名的城市。群众还被发动起来，埋设地雷，架设电网，水兵和民兵也都被编进防御部队。

# 第八章 决战莫斯科

在列宁格勒冬天情况稳定的日子里，朱可夫又被叫去保卫莫斯科。在德国“坦克军神”古德里安的建议下，德军希望在严寒到来之前打进莫斯科，从精神上摧毁苏联。

斯大林病倒了，但他还是接见了朱可夫，命令他协调西部、预备两个方面军，组织莫斯科的防御工作。朱可夫立刻出发，前往布琼尼的预备队方面军司令部。

路上，朱可夫经过自己的家乡，他很想回家去看看，可是时间不允许。

想到一旦家乡陷落，自己的妈妈和姐姐就难免遭到法西斯的毒手，他心如刀绞。直到家乡陷落前三天，他才找到机会让副官把亲人接到了莫斯科。

布琼尼这位国内战争时期的大英雄现在处境很糟糕。他面容憔悴地看着地图，他的部队被分割了。朱可夫听了他的情况，又赶到了西方面军。

朱可夫来到西方面军的时候，命令传了下来，让他做西方面军的司令员，保卫莫斯科。

从 1943 年 10 月 20 日起，莫斯科及其所属各区根据国防委员会的决定实行戒严。所有保卫首都的部队都颁布了最严格的纪律，并采取坚决措施杜绝任何严重破坏纪律的行为。

数十万莫斯科人昼夜不停地战斗在环首都防御工事工地上。十月和十一月，仅在内线防御圈劳动的人数就多达二十五万人，其中四分之三是妇女和少年。他们构筑了七万两千米的防坦克堑壕，约八万米的崖壁和断崖，设置了五万两千五百米桩及其他障碍，挖掘了十二万八千米直线战壕和交通壕。这些人，用自己的双手挖出了三百多万立方米土！

古德里安的望远镜，已经可以看见莫斯科了。这个德国将军的部队已经打到了莫斯科郊外的图拉，这里满是红军被打退的残兵败将。可是他却无法前进一步了，因为图拉人勇敢地阻挡了他们，德国的坦克兵团被削弱和牵制了。

敌人的进攻能力一天天丧失，红军却不断得到加强。尽管如此，首都长时间受到威胁，还是让大家很不安，有的胆小鬼开始烧毁党证，向后方逃跑。

斯大林打电话给朱可夫："请你以共产党员的良心说，能不能守得住？"朱可夫想了想说："给我三个集团军做预备队、空军支援以及二百辆坦克，就没有问题。"斯大林给了他预备队和空军，却没有坦克。

斯大林问朱可夫，能否在十月革命纪念日那天在红场阅兵？朱可夫告诉他，那几天敌人由于缺乏力量，暂时没办法进攻。于是在空军的保护下，莫斯科人进行了一次激动人心的阅兵，部队在红场接受完检阅之后，直接开向前线!

古德里安的日子却难过多了，希特勒命令把进攻莫斯科的部队抽出来攻打乌克兰，他想要那里的石油和钢铁，这让进攻莫斯科的兵力严重不足。朱可夫看准了这个时机，开始准备反攻。斯大林却要求他提前反击，朱可夫刚提出意见，斯大林就说朱可夫"有些骄傲了"。

朱可夫只好在部队还没有准备好的情况下进行反攻，总体来说效果还不错，可是最薄弱的一个集团军被德军包围了，这部分的失利让斯大林无话可说。

朱可夫已经发现德军很疲劳，严寒和红军的炮火已经让他们无力支撑。他开始计划总攻。古德里安的坦克部队被打退了一百三十多公里，损失惨重。

德国人在回忆录当中写道："都怪天气太冷和希特勒指挥不当。"

红军战士穿着温暖的毡靴、棉帽和厚大衣，再加上朱可夫的领导，他们喊起这样的口号："我们已经无路可退，身后就是莫斯科！就是祖国！"

光荣属于英勇的红军指战员，他们成功地保住了首都。

⊙莫斯科保卫战期间，西方面军的领导集体：朱可夫、布尔加宁、索科洛夫斯基。

⊙ 1941 年 8 月，在向莫斯科进军的途中，德军到达熊熊大火中的维切布斯克镇。这样的景象在苏联村镇已经司空见惯。1941 年 9 月 30 日，德军发起了对莫斯科的总攻。德军企图在维亚济马—莫斯科方向和布良斯克—莫斯科方向上消灭苏军，然后从南、北、西三面迂回进攻莫斯科，在尽可能短的时间内将其占领。

⊙ 1941 年 9 月 1 日，朱可夫在莫斯科。

⊙ 1941 年 10月 10日，斯大林任命朱可夫为西方面军司令员，负责保卫莫斯科。

⊙在保卫莫斯科的战役中负伤的苏军士兵。

⊙一个德国士兵正在仔细查看一辆被摧毁的苏联坦克。

⊙在战争开始的头几个月里，苏联的战争形势极为严峻。这是在莫斯科前线，被德军俘虏的苏军士兵。

⊙ 1941 年 10 月，朱可夫与其他苏军将领正在研究作战计划。他肩负着保卫莫斯科的重任。

⊙在保卫莫斯科的战役期间，在前线的朱可夫。

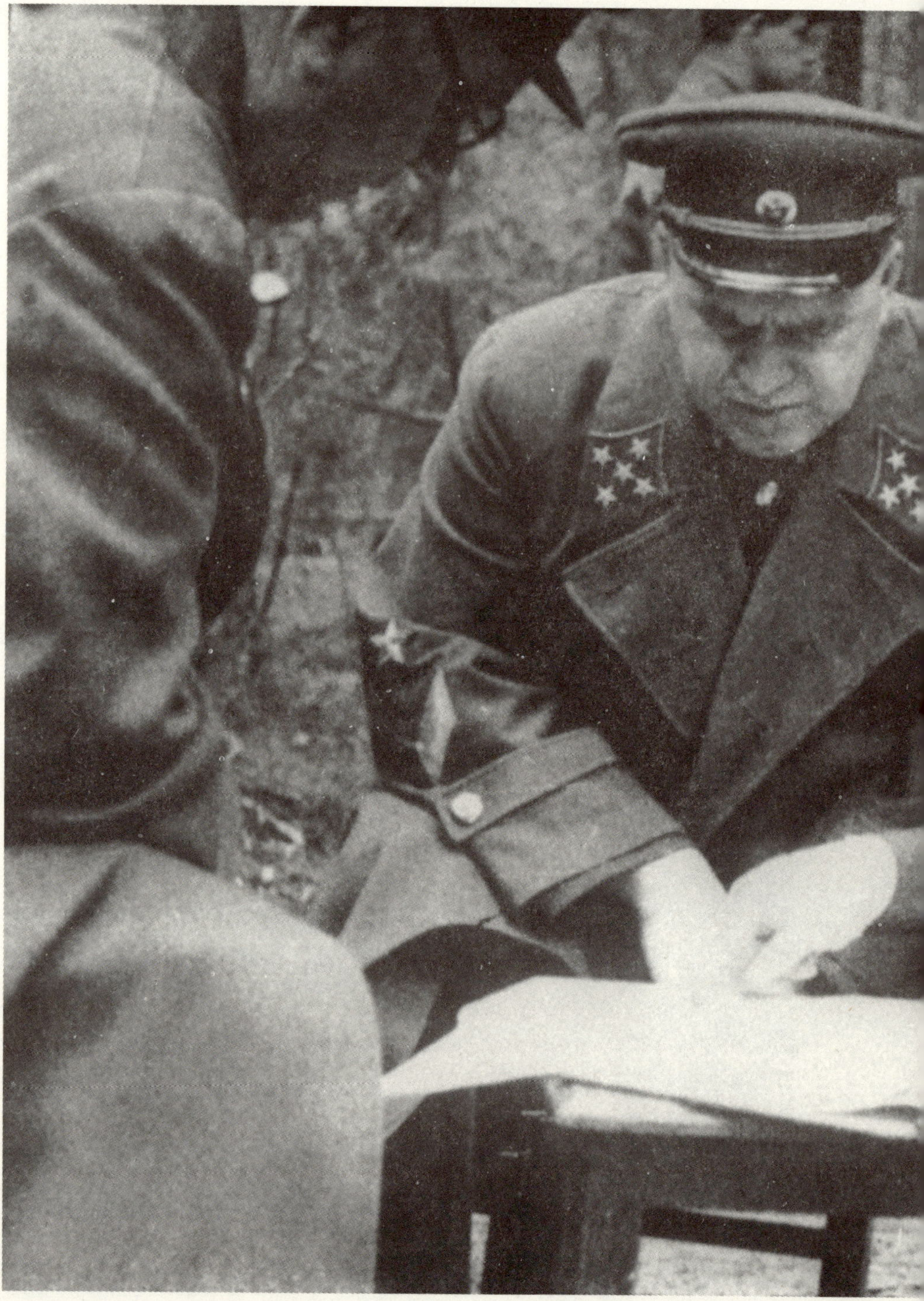

⊙朱可夫和下属在前线参阅情报。

⊙在保卫莫斯科的战斗期间，朱可夫元帅（右二）在作战会议上。朱可夫已经发现德军很疲劳，严寒和红军炮火已经让他们无力支撑，他开始计划总攻。朱可夫的反攻计划总的意图是：西北面收复克林、索涅奇诺戈尔斯克；西面解放伊斯特腊；南部解除德军对图拉的包围，从而消除莫斯科面临的威胁，并进一步扩大战果，尽可能把敌人向西赶得越远越好。

⊙防守在莫斯科前线的苏联军队。

⊙ 1941 年冬，在莫斯科前线，朱可夫指挥的苏联红军开始反攻。

⊙德国军队在莫斯科的进攻被阻止，这位苏联士兵脸上的坚毅神情，代表了当时苏联军队的精神面貌。

⊙ 1941 年，在莫斯科保卫战中，地铁站成为莫斯科人的避难所和临时医院。

⊙ 1941 年末，苏军在莫斯科外围发动了具有历史意义的反攻。

⊙ 1941 年，莫斯科前线在猛烈的炮火下向德军进攻的苏联步兵。

⊙ 1941 年，在莫斯科保卫战中，德军士兵向苏联士兵投降。在莫斯科外围的战斗中，德军步兵师每师减员达三分之一。

⊙ 1941 年，在朱可夫的率领下，苏联人民保住了自己的首都。图为挂满勋章的朱可夫将军。

# 第九章 战争转折点

1942年，苏联的日子好过了一些。美国参加了战争，美、英、中、苏结盟了。但是随着天气暖和起来，德军又开始进攻了，这次的目标是斯大林格勒。

成功组织了两次防御战的朱可夫，又开始组织斯大林格勒的防御工作。这是真正的巷战，双方谁都没有更多的力量能够突破对方。

双方在市区里争夺每一栋房子、每一面围墙，到处都是战斗，每天都在伤亡。到了十一月中旬，德国人拼光了几乎所有的预备队，连军官们也觉得士气低落，觉得非输不可了。

朱可夫则在积聚力量，补充部队。1943年1月，斯大林和朱可夫又组织了一次大规模的反攻。

朱可夫在后来的回忆录中总结说："敌人在顿河、伏尔加河、斯大林格勒地区总共损失了大约一百五十万人、三千五百辆坦克和强击火炮、一万两千门火炮和迫击炮、约三千架飞机以及大量其他技术装备。"

由于斯大林格勒的辉煌胜利，1943年1月18日，苏联最高苏维埃主席团授予朱可夫最高军衔"苏联元帅"。他是战争年代第一个获得这一称号的苏联将军。

斯大林格勒保卫战的胜利，是苏德战场上最重要的转折点。

苏军从此转入了战略反攻，这也是第二次世界大战的转折点。而这次光辉的胜利，就是朱可夫统筹、指挥的。

这对希特勒的打击是致命的。斯大林格勒战役之后，朱可夫想的就是，怎么收复失地和打到德国去。这个时候，他已经是仅次于斯大林的副统帅。

1943年，苏联的坦克军建设基本成功，使用的都是最优秀的T-34坦克。这种坦克让德国人发抖，德国人曾经打算完全仿制它，因为德国的坦克都比不过它的强大和可靠。当朱可夫在库尔斯克投入几个坦克军之后，苏德之间爆发了世界历史上最大规模的坦克会战。

德国人又一次败在了 T-34 坦克之下，他们投入五十个最好的师参加战斗，结果好像被扔进了水里一样，迅速地就消失了。于是，他们越来越被动。

1944 年夏天，苏军最高统帅部决定发动战役，收复白俄罗斯和乌克兰。敌后游击队也对敌人进行破坏，红军很快收复失地，然后打向保加利亚。保加利亚爆发了革命，成为一个红旗飘扬的国家。

美英军队从西向东，苏联红军从东向西，步步进逼柏林。一路上，苏联解放或者协助当地人民解放了波兰、芬兰、南斯拉夫、罗马尼亚等国家，那里的进步政权也把人民武装起来投入反法西斯战争，德国越来越孤立了。

⊙ 1942 年 4 月，在莫斯科惨败的希特勒开始盯上斯大林格勒，朱可夫奉命组织斯大林格勒保卫战。图为朱可夫正在前线视察。

⊙此油画表现1942年斯大林在克里姆林宫策划斯大林格勒反攻战。

⊙在斯大林格勒前线，苏军的指挥员们正在研究作战计划。

⊙朱可夫在斯大林格勒前线。他注意和各兵团的指挥员保持最密切的联系，随时了解部下的情绪。

⊙ 1942 年，朱可夫与索科洛夫斯基视察前线。

⊙ 1942 年 6 月，德军开始进攻斯大林格勒。图为德军摩托化部队在进军斯大林格勒的途中。

⊙在斯大林格勒周围战斗的初期，受伤的德国士兵从战场上撤下来。

⊙朱可夫在斯大林格勒战役中。

⊙朱可夫在斯大林格勒前线视察防务。

⊙在斯大林格勒保卫战中，朱可夫手持望远镜，正聚精会神地侦察敌情。

⊙在斯大林格勒战役中向德军发动冲锋的苏联士兵。

⊙在斯大林格勒前线，苏联军队正在向德军射击。

⊙苏联的泥泞土地给德军的进攻带来了巨大的困难和烦扰，影响了德军的进攻效果。

⊙斯大林格勒巷战：苏军在“街垒”工厂抵抗。

⊙斯大林格勒巷战：苏军在萨多瓦亚车站顽强抵抗。

⊙在斯大林格勒战役中，苏军战士开赴前线，向德军发动反攻。

⊙在斯大林格勒战役中，一名德军士兵正在使用火焰喷射器。

⊙在斯大林格勒，被苏军高射炮击落的一架德军轰炸机。

⊙在斯大林格勒战役中，由于连续作战而疲惫不堪的红军士兵。

⊙当德军在斯大林格勒用坦克占领了此处时，整个城市已变成了废墟。

⊙在斯大林格勒城市巷战中的苏军阵亡者。

⊙在斯大林格勒的巷战中，德国士兵惊慌地穿过一条毁弃的街道。

⊙在斯大林格勒战役中，被德军摧毁的苏军 T–34 型坦克。

⊙在斯大林格勒，德军炮兵在摧毁了一辆苏军坦克后举手欢呼。

⊙争夺斯大林格勒的战斗非常激烈，而且持续了很长一段时间，德国士兵看到的只是一处处的废墟。

⊙ 1942 年秋，斯大林格勒几乎被夷为平地。

⊙苏军士兵逐屋争夺，将德军赶出斯大林格勒。

⊙在德军攻打斯大林格勒期间，由东部赶往斯大林格勒增援的苏军骑兵。

⊙ 1943 年 1 月，在朱可夫的指挥下，苏联红军在斯大林格勒发动大规模反攻。2 月 2 日，被围德军全部投降或被歼灭。图为正在进攻的苏军。

⊙斯大林格勒保卫战胜利后，苏联最高苏维埃主席团授予朱可夫最高军衔“苏联元帅”。他是战争年代第一个获得这一称号的苏联将军。图为在前线的朱可夫。

# 第十章　打下柏林

苏军进展得太快了，至少丘吉尔是这么想的。在攻克了奥地利、捷克斯洛伐克之后，苏军开向奥得河，那里离柏林只有不到一百公里了。

在雅尔塔会议上，苏联和英、美曾经讨论过对德国的占领问题，占领分界线在柏林西边。也就是说，苏联其实没有超过界线。而丘吉尔却在想着过界的问题，他希望英美军队可以比苏联提前一步打下柏林，免得德国被共产主义国家控制。

希特勒也不愿意把柏林留给苏联，其原因有三个：第一，苏联是社会主义国家；第二，苏联战场给了他过大的刺激；第三，他憎恨朱可夫的胜利。他下令把德国的残余力量尽量调到东边去防御红军，同时希望和美、英单独达成协议，或许这还能挽救自己。

但是美国和英国没有跟他媾和，纳粹德国给世界人民的伤害太大了。这样的恶棍，只有消灭他们，才有真正的和平与安全。艾森豪威尔命令美英联军前进，朱可夫命令苏军前进，目标只有一个，就是柏林。

1945 年 4 月 16 日凌晨，朱可夫亲自赶到前线的集团军指挥所发出了动员：“白俄罗斯第一方面军的战士、军士、军官和将军同志们！向着敌人前进——以最后一次迅猛的突击把法西斯禽兽消灭在它的巢穴，让全面、彻底战胜法西斯德国的时刻及早到来。”

4 月 21 日，白俄罗斯第一方面军部队冲进柏林郊区。朱可夫要求集团军司令员必须组织日战和夜战分队，二十四小时不间断地进行战斗。

5 月 1 日黎明，第三突击集团司令员打电话给朱可夫：“红旗已经插上了帝国大厦楼顶。”不一会儿，第八近卫集团军司令员崔可夫向朱可夫报告：希特勒自杀了。

5 月 2 日，柏林的德国军队停止了抵抗，柏林战役胜利结束。不久，德国无条件投降，朱可夫接到斯大林的通知，他将代表苏军参加德国的投降签字仪式。

5月9日零时，朱可夫宣布德国无条件投降签字仪式开始，欧洲的战争至此结束。投降签字仪式后，朱可夫向与会者祝贺期待已久的胜利，招待会在歌舞中结束。

战后的德国政府被英、美、苏三大国接管，在6月5日的接管会议前，艾森豪威尔授予朱可夫美国最高勋章总司令级“荣誉军团”勋章。会议结束时，朱可夫宣布授予艾森豪威尔和蒙哥马利“胜利”勋章。

朱可夫和艾森豪威尔一见如故，后来他们经常通信，结下了很深厚的友谊。英雄和好汉尚且惺惺相惜，何况是两个创造历史的巨人。

⊙朱可夫元帅与乌克兰第一方面军司令员瓦杜丁将军（右）、方面军参谋长巴卡留波夫中将在研究科尔松—舍甫琴科夫斯基地区作战计划。

⊙朱可夫到达库尔斯克协调作战行动。

⊙苏军总的意图是在 1944 年把德军全部赶出苏联领土。为此，苏军制定了集中兵力，连续实施数个高速度大规模的战略性进攻战役计划。它们后来被称为“十次斯大林突击”。

⊙朱可夫与乌克兰第一方面军司令科涅夫侦察德军前沿阵地。

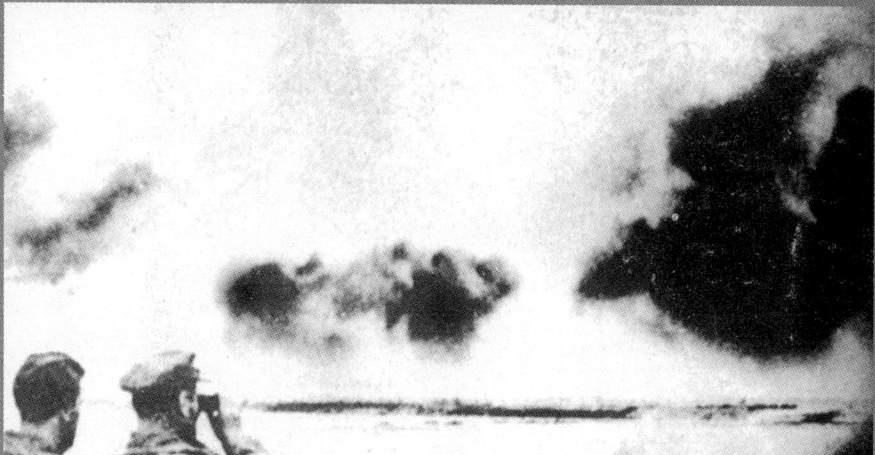

⊙ 1944 年 1 月下旬，苏军在第聂伯河右岸实施了第二次打击。

⊙苏军于 1944 年 6 月 23 日开始实施第五次打击，此即著名的白俄罗斯战役。

⊙朱可夫在指挥白俄罗斯第一方面军。

⊙在第六次打击中，苏军解放了部分波兰领土。图为苏联士兵（左）和波兰士兵（右）在一起。

⊙ 1944 年 7 月 31 日，登上《LIFE》杂志封面的朱可夫。

⊙ 1944 年 8 月，朱可夫、崔可夫等苏军将领在白俄罗斯战役维斯瓦河流域前线。

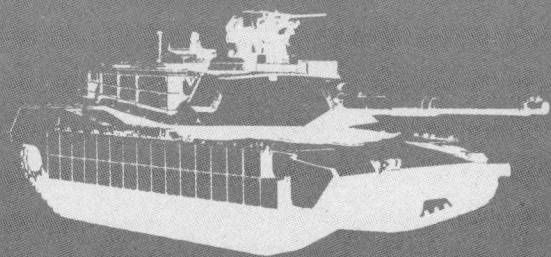

⊙自 1944 年 8 月 20 日起，苏军在苏联、罗马尼亚边境展开第七次打击。

⊙ 1944 年九月到十月，苏军在波罗的海沿岸发动了第八次打击，解放了爱沙尼亚全部和拉脱维亚大部领土。图为苏军波罗的海舰队的部队乘快艇在波罗的海沿岸登陆。

⊙苏联步兵以顽强的毅力和耐力而著称，这一点在第二次世界大战中显露无遗。图为战斗中的苏联红军。

⊙自 1944 年 9 月 28 日起，苏军实施第九次打击。10 月 20 日，南斯拉夫人民军与苏军解放了贝尔格莱德。

⊙苏军与盟军分别解放了东欧与西欧的大片领土后，正从东、西两个方向夹击欧洲中部的德国。

⊙奥得河畔，苏军距柏林只有六十公里了。

⊙ 1945 年春，苏军正在向柏林方向集结兵力。

⊙ 1945 年，苏联红军进展迅速，一路打到了柏林城下。图为第六十五集团军司令员巴托夫向朱可夫报告行军路线。

⊙ 1945 年 4 月 16 日凌晨，苏军开始进攻柏林，图为白俄罗斯第一方面军司令朱可夫在瞭望台上。

⊙苏军正准备向柏林发起攻击。

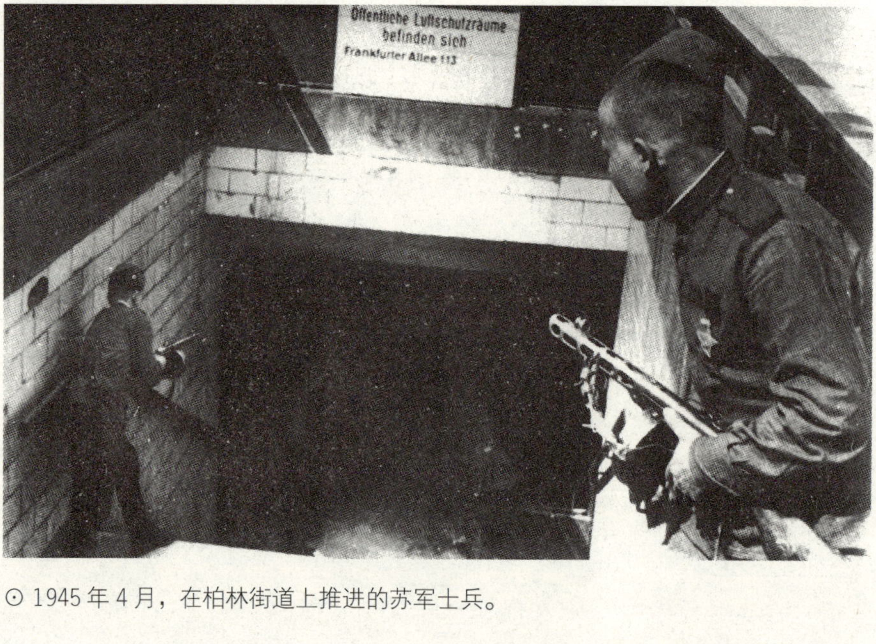


⊙ 1945 年 4 月，在柏林街道上推进的苏军士兵。

⊙ 1945 年 4 月，苏军强攻柏林。强大的苏联红军击溃了顽抗的德军，这些勇敢的苏联红军爆破手，冒着机枪扫射，朝一座德军防御阵地前进。

⊙ 1945 年 4 月 27 日，一次历史性的握手。美军第一军步兵与苏军在位于莱比锡附近的托高河的残桥上会师。这时距希特勒自杀还有三天。

⊙ 1945 年 4 月，易北河，美军少尉威廉·罗伯特森和苏军中校亚历山大·舍瓦琴科庆祝胜利会师。

EAST

⊙ 1945 年 4 月 30 日，叶戈罗夫中士和坎塔里亚下士在德国国会大厦的主楼圆顶上，升起了胜利的旗帜。

⊙在伟大的卫国战争中，有两千多万苏联人献出了宝贵的生命。苏联人民为了正义事业的胜利，肩负起世界反法西斯战争的重任，经过四年英勇顽强的浴血奋战，胜利的日子终于来到了。此图摄于 1945 年。

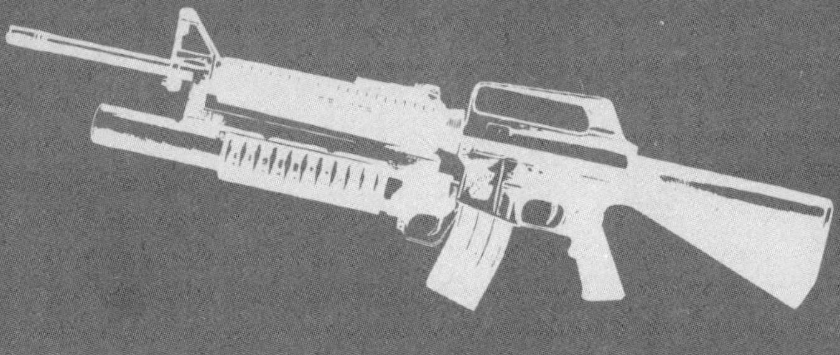

⊙朱可夫元帅在法西斯卫戍部队投降后查看波兹南要塞。

⊙朱可夫在柏林战役结束后与红军战士谈话。

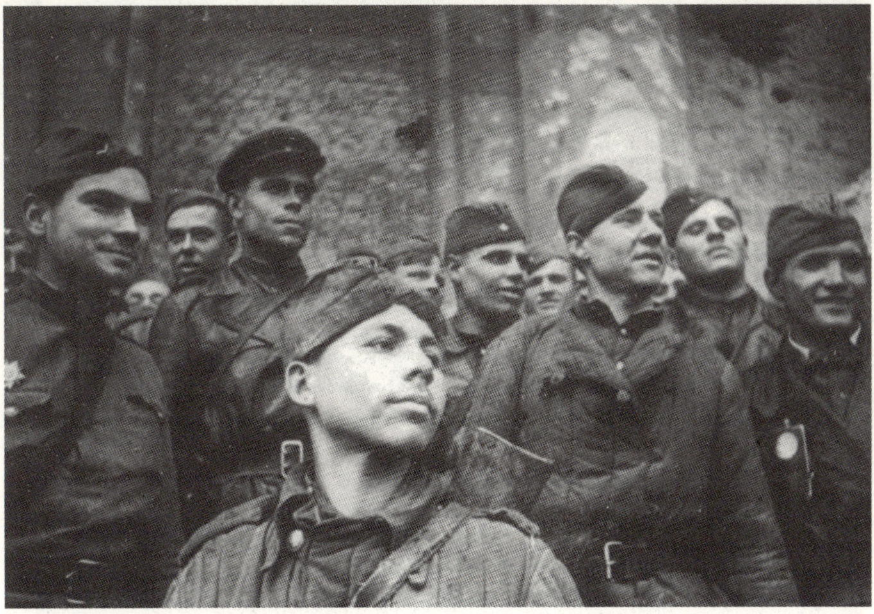

⊙ 1945 年 5 月，在柏林的苏联士兵。

⊙朱可夫元帅正在宣布：德军投降签字仪式开始。

⊙邓尼茨在战争后期视察一艘德国战舰。他是第三帝国的最后一名首领，并且签署了德国部队的投降书。

⊙ 1945 年 5 月 8 日，朱可夫在德军投降仪式上签字。

⊙朱可夫在德军投降书上签字。

⊙朱可夫以胜利者的姿态接受德国投降。

⊙ 1945 年 5 月 8 日，盟军在柏林接受德国投降。德国元帅凯特尔代表德国在投降书上签字，接受投降的有苏方代表朱可夫元帅（左一）、美方代表斯帕茨将军（左二）和法方代表德拉特尔将军（左三）。

⊙ 1945年5月8日，朱可夫和其他苏联军官在德军投降仪式上。

⊙盟军统帅在德国战败协议签定后合影。自右向左：法国塔西尼、苏联朱可夫、美国艾森豪威尔及英国蒙哥马利。

⊙朱可夫同其他苏军将领，从被占领的柏林国会大厦中走出来。

⊙与西方盟国的关系成为战后最重要的事务。朱可夫元帅正在审阅文件。

⊙战争胜利后，朱可夫以胜利者的姿态代表苏联与西方盟国谈判。

⊙ 1945 年 6 月 5 日，艾森豪威尔、朱可夫、蒙哥马利和拉特尔·德·塔西尼在柏林晚宴上。

⊙ 1945年6月5日，蒙哥马利、艾森豪威尔、朱可夫和亚瑟·泰德在法兰克福。

⊙ 1945 年，蒙哥马利和朱可夫在勃兰登堡门授勋现场。

⊙ 1945 年 6 月 10 日，朱可夫元帅向蒙哥马利元帅和艾森豪威尔将军授予苏联胜利勋章。图片中，朱可夫在右，蒙哥马利在中，罗科舍夫斯基在左。

⊙朱可夫元帅在柏林勃兰登堡门前，同蒙哥马利元帅交谈。

⊙战争胜利后，朱可夫与盟国军事领导人蒙哥马利元帅等在一起。

⊙朱可夫在莫斯科胜利游行庆典上。

⊙ 1945年6月24日，朱可夫在莫斯科红场检阅三军将士。

⊙朱可夫在检阅台上。

⊙莫斯科卫戍部队正接受苏联国防部长朱可夫的检阅。

⊙ 1945 年 7 月 12 日，朱可夫和罗科索夫斯基等苏联军官在勃兰登堡门前同蒙哥马利及英军士官交谈。

⊙ 1945年7月12日，朱可夫和蒙哥马利等将领在授勋仪式现场。

⊙加里宁再次为朱可夫和华西列夫斯基授勋。

⊙同盟国控制德国的合作委员会，在 1945 年 10 月的柏林召开会议。这个合作委员会是管理战后德国的主要权力机关，他们的决定要经过艾森豪威尔、蒙哥马利、朱可夫和盖尼格四位盟军司令官的批准。

⊙朱可夫元帅。

# 第十一章 政治问题

1945 年 8 月 12 日，艾森豪威尔作为朱可夫的客人，由朱可夫陪同从柏林来到莫斯科，大家玩得很开心。

艾森豪威尔也邀请朱可夫访问美国，朱可夫表示同意，但未能成行。艾森豪威尔写道：“很遗憾，不久元帅就病了。传闻说他得的似乎是‘外交病’，但我在柏林的下次管制委员会会议上见到他时，他确实是大病初愈的面容。”

很明显，有些人施加了压力，不许他去美国。

1946 年 3 月—5 月，朱可夫任陆军总司令，同时任武装部副部长。但到了 1946 年 6 月，他却只担任了敖得萨军区司令员，同时他也被罢免了联共（布）中央候补委员之职。

因为，斯大林不希望有一个职位这么高的职业军人在中央高层，更不希望这个人受到人民的爱戴。

斯大林死后，朱可夫曾经有过短暂的复出。1955 年，他和一个代表团访问了美国，为此他未能参加女儿的婚礼。

艾森豪威尔在晚餐餐桌上听说了这件事情，有点不大相信。后来一问别人，才知道他家里果然办了这桩大事，他劝朱可夫，你不该为你的工作做这么大的牺牲。

朱可夫轻描淡写地说，没关系，我只是更愿意跟你这样的老战友、好朋友一起相聚。

艾森豪威尔立刻派人取来一对钢笔和一架手提式收音机送给他，要他带回去赠送给他的女儿，这让朱可夫十分感动。

1956 年 2 月，苏共二十大召开，朱可夫参加了主席团工作，他被选为中央委员。对于西方来说，朱可夫的复出代表的是苏联对西方的友好态度。

1956 年 12 月，朱可夫荣获列宁勋章和第四枚“苏联英雄”金星奖章，嘉奖他为苏联人民和共产党建立的卓越功勋，并祝贺他六十岁生日。

不过到了1957年，朱可夫又一次受到冲击。这个忠诚的职业军人，由于强调军队应该实行单独首长的制度而得罪了党务系统的人，赫鲁晓夫也对他无法容忍。

1958年，他被要求退役，但是允许他保留军装。在休养了几年之后，他开始写回忆录。

1970年5月8日，朱可夫与华西列夫斯基以及其他军事将领出席了在克里姆林宫大会堂举行的纪念伟大卫国战争胜利二十五周年纪念大会，受到全场人员雷鸣般掌声的热烈欢迎。

那天，一个战争时期就在克里姆林宫做清洁工的老太太发现他再次出现在了宫殿里。老太太先是大吃一惊，然后激动地放声大哭了起来。他就是这么受到普通群众的爱戴。

1974年6月18日，朱可夫逝世，被葬于莫斯科红场、克里姆林宫墙旁。

《真理报》刊登的悼词中写道："朱可夫的统帅天才，在伟大的卫国战争中得到了突出的体现。党总是将他派到与德国法西斯侵略者作战的最艰难地段。"

能在最艰难时刻扭转局势的铁汉，一个温和而勇敢的农家孩子，这就是朱可夫元帅。他以平民式的伟大，让人民永远记住了他。

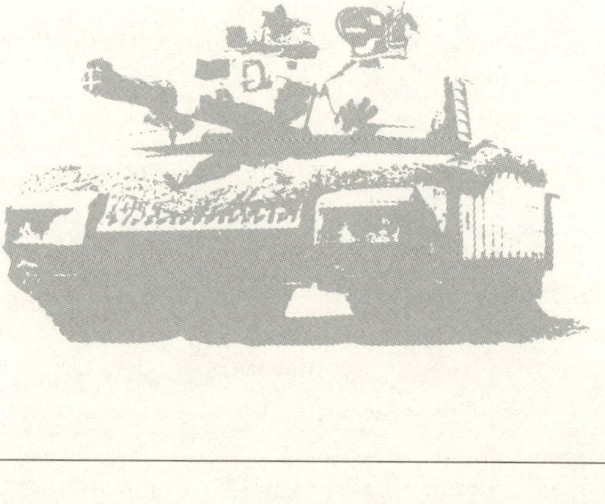

⊙朱可夫与盟国统帅艾森豪威尔一起检阅部队。他与艾森豪威尔建立了良好的私人友谊。

⊙ 1945 年 11 月 12 日，朱可夫在柏林检阅仪仗队。

⊙朱可夫元帅的侧面坐像。

⊙朱可夫元帅的侧面像。

⊙朱可夫元帅的正面像。他是苏联卫国战争中的第一英雄，胸前挂满了勋章。

⊙ 1953 年 3 月 12 日，斯大林的遗体庄严地躺在莫斯科工会大厦的圆柱大厅，供人们瞻仰。因为斯大林的赏识，才有了功勋卓著的朱可夫。苏联卫国战争胜利后，朱可夫就立即失宠。正是斯大林，他将一个出身平凡的朱可夫抬上来，又将一个身处顶峰的朱可夫压下去。

⊙ 1953 年 11 月，共和党人艾森豪威尔当选美国总统。图为艾森豪威尔向支持者们致意。朱可夫一直与艾森豪威尔保持着良好的私人关系。战后，艾森豪威尔曾邀请朱可夫访美，但朱可夫未能成行。直至斯大林去世后的 1955 年，朱可夫才得以率团访美，见到了已当上美国总统的艾森豪威尔。1969 年 3 月 23 日，艾森豪威尔去世，朱可夫本打算参加他的葬礼，可是他突然中风，只能在病床上思念老朋友了。

⊙ 1954 年，朱可夫离婚后再婚，娶了一位比他小二十五岁的女士格林娜。这是朱可夫和他的第二位妻子格林娜在剧院看演出。

⊙朱可夫和第二位妻子格林娜及小女儿玛莎在一起。

⊙ 1955 年 6 月，
朱可夫在日内瓦。

⊙ 1955 年 6 月 5 日，东德总统威廉・皮克在柏林接待朱可夫带领的苏联政府代表团。

⊙1955年7月，朱可夫、布尔加宁、莫洛托夫在日内瓦。

⊙ 1955 年 7 月，朱可夫和莫洛托夫在日内瓦参会期间。

⊙ 1955 年 7 月，日内瓦会议开幕。

⊙ 1955 年，朱可夫复出，任苏联国防部部长。这是在当年的日内瓦高峰会议上，苏联代表团的成员和英美代表团的成员在一起。从左至右：莫洛托夫、布尔加宁、赫鲁晓夫、朱可夫、富尔、麦克米兰、艾登和杜勒斯。

⊙1955年，赫鲁晓夫（左）、朱可夫元帅（中）以及外长莫洛托夫（手中拿帽者），在日内瓦高峰会议结束后离开会场。

⊙朱可夫陪同苏联领袖赫鲁晓夫出席酒会。斯大林逝世后，赫鲁晓夫让朱可夫重新复出，但是后来又把朱可夫再次打压下去。

⊙朱可夫与另一位传奇英雄南斯拉夫铁托元帅在一起。

⊙朱可夫（左）访问南斯拉夫时与南斯拉夫总统铁托亲切握手。

⊙朱可夫与政府首脑布尔加宁出国访问。

⊙朱可夫与科涅夫一起护送布尔加宁和莫洛托夫出国访问。

⊙朱可夫代表政府出使印度，与印度总理尼赫鲁亲切交谈。

⊙ 1956年6月，美国空军参谋长内森.F.特维宁（黑衣）在莫斯科航展后与朱可夫（右坐者）等苏联将领会餐。

⊙ 1956 年，朱可夫在华沙。

⊙办公室里的朱可夫。

⊙退休后的朱可夫在其寓所的书房中。对他来说，写回忆录是他晚年最有意义的一项工作了。

⊙朱可夫的业余爱好是拉手风琴。

⊙晚年的朱可夫元帅。

⊙胸前挂满勋章的朱可夫。他是苏联人民的英雄，也是一个杰出的军事天才。他在苏联的军队和人民中，有着崇高的威望和非凡的号召力。

⊙朱可夫七十岁大寿时的照片。

⊙俄文版的各种纪念朱可夫的著作。

# 朱可夫生平大事年表

1896 年　12 月 2 日，格奥尔基·康斯坦丁诺维奇·朱可夫出生于卡卢加省斯特列尔科夫卡村一个贫苦的农民家庭里。父亲康斯坦丁·安德烈耶维奇是一个鞋匠，母亲乌斯季尼娅·阿尔捷米耶芙娜在一家农场干活。

1903 年　秋，朱可夫进入一所教会小学念书，学制为三年。

1906 年　朱可夫小学毕业。

1908 年　7 月，朱可夫离家来到莫斯科，在舅舅皮利欣的毛皮作坊里当学徒。

1913 年　朱可夫参加市立中学全部课程的考试，并取得了合格的成绩。

1915 年　8 月 7 日，朱可夫应征入伍，在沙俄的一个骑兵团里当兵，因作战勇敢并俘获一个德军军官而两次获得乔治十字勋章。

1916 年　朱可夫参加了红军。9 月，朱可夫参加保卫察里津的战斗。

1919 年　3 月 1 日，朱可夫正式成为一名俄共党员。

1920 年　朱可夫担任独立骑兵第十四旅第一团第二连连长。

1922 年　8 月 31 日，苏维埃共和国军事委员会授予朱可夫红旗勋章。

1923 年　5 月，朱可夫晋升为布卢祖克骑兵第三十九团团长。

1930 年　5 月，朱可夫被任命为骑兵第七师第二旅旅长。从此之后，朱可夫在仕途上一帆风顺。

1935 年　因在校阅中表现上佳、训练成绩优异，苏联政府授予朱可夫指挥的第四师以最高奖励——列宁勋章。

1939 年 9 月，日军在哈勒欣河地区进行武装挑衅，远东形势紧张，朱可夫被派往该地指挥作战，并在短时间内以较小代价取得了巨大胜利。朱可夫回到莫斯科时受到了举国一致的赞扬，并荣获“苏联英雄”称号。

1941 年 1 月 11 日，朱可夫担任苏军总参谋长。

6 月 22 日，纳粹德国撕毁《苏德互不侵犯条约》，发动了侵苏战争。

9 月 10 日，朱可夫奉命飞往列宁格勒，接替伏罗希洛夫指挥列宁格勒的城市防御。朱可夫采取坚决有力的措施，率领部队不仅守住了城市，而且还转入了积极的行动，迫使德军不得不停止攻击，从而稳定了该地区战局。

11 月 7 日清晨，在朱可夫的精心部署下，红场举行隆重的阅兵仪式。

12 月 13 日，苏联宣布红军已粉碎了德军包围莫斯科的狂妄企图，苏联各报刊纷纷登载前线胜利的消息和苏军将领的照片，朱可夫的照片被排在中央最显著的位置。

1942 年 8 月 27 日，朱可夫领导斯大林格勒军民与德军展开激烈巷战，苦战三个月，消耗了大量敌军，始终控制了市区三块被分割的阵地，为转入反攻赢得了时间。

11 月 19 日，在朱可夫和华西列夫斯基的协调指挥下，苏军西南方面军、顿河方面军和斯大林格勒方面军对德军发起反攻，揭开了反攻的序幕。

11 月 20 日，朱可夫指挥苏军迅速突破了德军的防御，对德军第六集团军和坦克第四集团军实施合围。在德军拒绝投降的情况下，苏军发动强大的攻势，最终全歼该地域内的德军。斯大林格勒会战成为苏德战争的转折点。

1943 年 1 月 18 日，因出色地指挥苏军赢得斯大林格勒会战的胜利，朱可夫被授予苏联元帅军衔。

1944年 7月3日，在朱可夫的指挥下，苏军顺利解放明斯克。7月5日，苏军向西推进二百二十五至二百八十公里，解放了白俄罗斯大部分领土，朱可夫再次荣获胜利勋章。

1945年 4月21日，朱可夫的三个集团军突入了德国市郊，并与垂死挣扎的德军在柏林市内展开了激烈的巷战。

4月30日，苏军攻克德国国会大厦，并在大厦楼顶上升起了一面苏联国旗。

5月2日，德国海军上将邓尼茨代表德国政府宣布无条件投降，停止一切抵抗。柏林城防司令魏德林率守军残部向朱可夫的部队投降，攻克柏林的战役胜利结束。

5月9日，德军元帅凯特尔代表德国政府签署了无条件投降书，苏联元帅朱可夫和英国、美国、法国代表接受了德国武装力量的投降。

6月24日，在盛大的苏联“胜利阅兵式”上，朱可夫以阅兵首长的身份检阅了苏联红军陆、海、空三军，达到了人生事业的顶点。

1946年 4月10日，朱可夫离开柏林回国，担任苏联陆军总司令。

7月，朱可夫被任命为敖德萨军区司令员。

1949年 朱可夫改任乌拉尔军区司令员。

1952年 朱可夫返回莫斯科，担任国防部副部长。

1953年 3月6日，朱可夫担任国防部第一副部长。

1955年 2月，朱可夫担任国防部部长。

1957年 10月，朱可夫被免去国防部部长的职务。

1958年 3月，朱可夫退休。

1964年 10月，勃列日涅夫为遭贬黜的军政领导人恢复名誉，其中包括朱可夫。同年，朱可夫与妻子离婚，又与小自己二十五岁的格林娜结婚。

1969 年 朱可夫突然罹患中风，瘫卧在床上。同年，朱可夫撰写多年的回忆录——《回忆与思考》在苏联正式公开出版，第一版发行了六十万册，此后又被译成二十余种文字在全世界流传，本书被认为是最有价值的二战回忆录之一。

1974 年 6 月 18 日，朱可夫在莫斯科逝世，终年七十八岁，后葬于克里姆林宫的红墙下。